¡Vayamos! ¡Crezcamos!

¿QUÉ NACERÁ?

Stephanie Anne Box

Traducción de Pablo de la Vega

Rourke®

ANTES Y DURANTE LAS ACTIVIDADES DE LECTURA

Antes de la lectura: *Desarrollo del conocimiento previo y del vocabulario*

Establecer el conocimiento previo puede ayudar a los niños a procesar nueva información y a ampliar la que ya conocen. Antes de leer un libro, es importante explorar lo que ya saben los niños acerca del tema. Esto los ayudará a desarrollar su vocabulario e incrementar su comprensión de la lectura.

Preguntas y actividades para establecer el conocimiento previo:

1. Ve la portada del libro y lee el título. ¿De qué crees que trata este libro?
2. ¿Qué sabes sobre este tema?
3. Hojea el libro y echa un vistazo a las páginas. Ve el índice, las fotografías, los pies de foto y las palabras en negritas. ¿Estas características del texto te dan información o ayudan a hacer predicciones acerca de lo que leerás en este libro?

Vocabulario: *El vocabulario es la clave para la comprensión de la lectura*

Use las siguientes instrucciones para iniciar una conversación acerca de cada palabra.

- Lee las palabras del vocabulario.
- ¿Qué te viene a la mente con cada palabra?
- ¿Qué crees que significan?

Palabras del vocabulario:
- *crías*
- *marsupio*
- *mamíferos*
- *nutrientes*

Durante la lectura: *Leer para entender y conocer los significados*

Para lograr una comprensión profunda de un libro, se incentiva a los niños a que usen estrategias de lectura detallada. Durante la lectura, es importante hacer que los niños se detengan y establezcan conexiones. Esas conexiones darán como resultado un análisis y entendimiento más profundo de un libro.

 ### Lectura detallada de un texto

Durante la lectura, pida a los niños que se detengan y hablen acerca de lo siguiente:

- Partes que sean confusas.
- Palabras que no conozcan.
- Conexiones en relación al texto, a sí mismos y al mundo.
- La idea principal de cada capítulo o sección.

Invite a los niños a usar pistas del contexto para determinar el significado de las palabras que no conozcan. Estas estrategias los ayudarán a aprender a analizar el texto más minuciosamente mientras leen.

Cuando termine de leer este libro, vaya a la última página para ver la **Actividad después de la lectura**.

Índice

Estos **mamíferos** van a tener bebés. ¿Qué crees que nacerá?

Los mamíferos dan a luz. Los bebés crecen dentro de la madre. Los mamíferos obtienen **nutrientes** del cuerpo de su mamá.

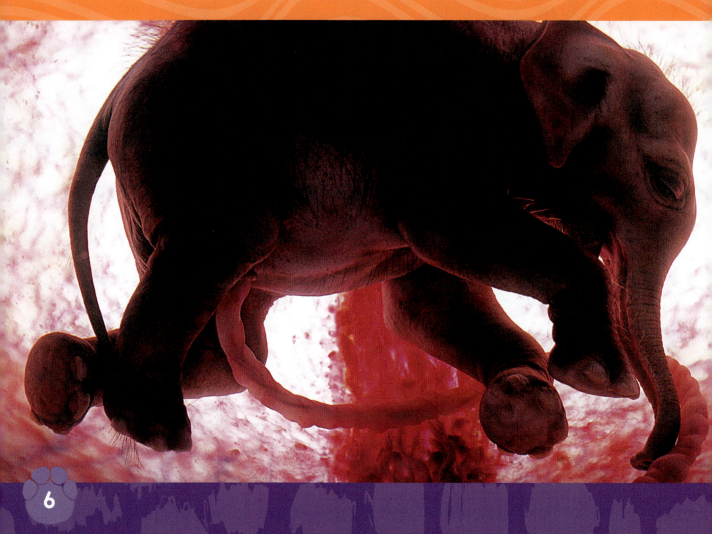

Los mamíferos tienen columnas vertebrales y pelo o pelaje. La mayoría de los mamíferos bebé parecen versiones pequeñas de sus papás.

Hay algunos mamíferos que cuando nacen, pueden sobrevivir fuera del cuerpo de su madre. Otros nacen y continúan creciendo en el **marsupio** de su madre.

¿Sabías que algunos mamíferos pueden leer? ¡Así es! Los humanos también somos mamíferos.

Los bebés crecen

La mayoría de los mamíferos bebés, después de haber nacido, dependen de la leche de su madre para vivir.

Muchas madres se quedan con sus bebés. Los cuidan.

Viven juntos durante meses o años.

A las **crías** se les enseña cómo encontrar refugio y comida. Algunos mamíferos buscan plantas. Algunos cazan a otros animales. Algunos mamíferos comen ambos.

Somos una familia

Muchos mamíferos viven y cazan en familias grandes. El grupo cuida de los bebés.

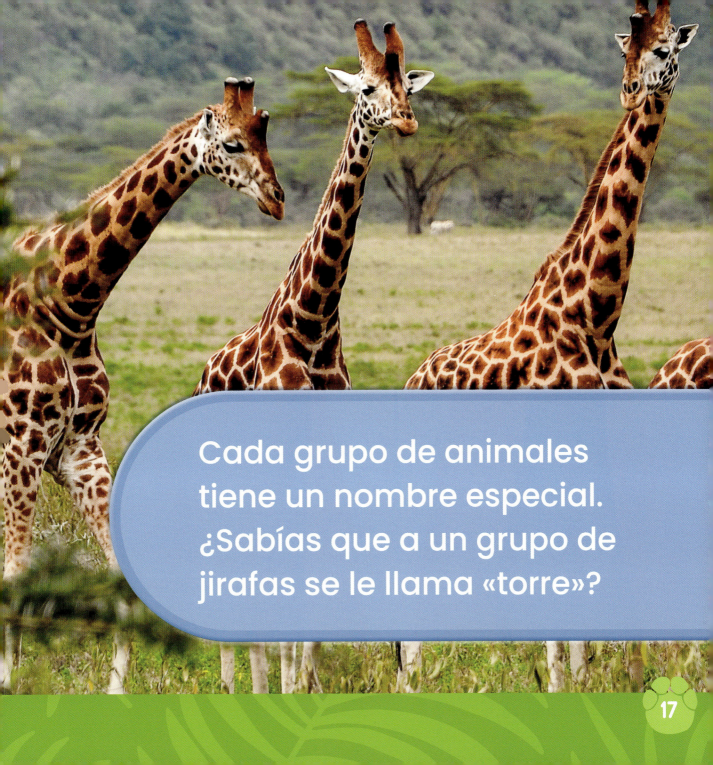

Cada grupo de animales tiene un nombre especial. ¿Sabías que a un grupo de jirafas se le llama «torre»?

Muchos mamíferos encontrarán una pareja. Formarán una familia propia. El ciclo de la vida se repite.

¡Mira lo que nació! ¿Adivinaste correctamente?

Glosario fotográfico

crías: Los hijos de un animal o un ser humano.

mamíferos: Un animal de sangre caliente que tiene pelo o pelaje y que normalmente da a luz a sus bebés. Las hembras mamíferas producen leche para alimentar a sus hijos.

marsupio: Un bolso en el cuerpo de la madre en el que los canguros y otros marsupiales cargan a sus hijos.

nutrientes: Una sustancia como una proteína, un mineral o una vitamina que la gente, los animales y las plantas necesitan para mantenerse fuertes y sanos.

Actividad: Haz una hoja de datos sobre los mamíferos

Piensa:

Puedes encontrar mamíferos en todas partes. Viven en bosques, desiertos, océanos e incluso en las montañas. Piensa en alguna ocasión en la que hayas estado cerca de un mamífero.

Materiales:

Papel

Lápiz

Marcadores o crayones

Computadora

Instrucciones:

En una hoja de papel, dibuja un mamífero. ¿A qué se parece? Describe dónde vive y qué come. ¿Qué lo hace diferente de un ave, un anfibio o un reptil? Escribe todos los detalles y datos en los que puedas pensar. Dibuja cómo piensas que se verían sus crías (o bebés). Después de hacer la hoja de datos, junto con alguno de tus padres, realiza una búsqueda guiada en internet para aprender más.

Índice analítico

Acerca de la autora

A Stephanie Anne Box le encantan los animales y se siente muy orgullosa de compartir este libro contigo. Stephanie es una maestra de preescolar que vive en Mississippi con su marido, Josh, y su perro, Dudley.

Actividad después de la lectura

Piensa en los mamíferos de este libro. Imagina que eres un animal bebé o cría. Intenta caminar como una cría de león, acurrúcate como una cría de canguro en un marsupio, corre como el cachorro de un lobo y galopa como un potro.

Library of Congress PCN Data

¿Qué nacerá? / Stephanie Anne Box
(¡Vayamos! ¡Crezcamos!)
ISBN 978-1-73165-967-5 (hard cover)
ISBN 978-1-73165-966-8 (soft cover)
ISBN 978-1-73165-968-2 (e-Book)
ISBN 978-1-73165-969-9 (e-pub)
Library of Congress Control Number: 2024951883

Rourke Educational Media
Printed in the United States of America
01-0342511937

© 2025 Rourke Educational Media

www.rourkebooks.com

Edición de: Laura Malay
Diseño de la portada de: Tammy Ortner
Diseño de los interiores de: Tammy Ortner
Traducción al español: Pablo de la Vega
Edición en español: Base Tres
Photo Credits: Photo Credits: Cover p 1 © GUILLERMO CERVETTO, © Anna Kucherova, © MaraQu, © NataliaMalc, p 4 © Dolores M. Harvey, p 5 © Matthew Jessop, © Elated Industries, p 6 © David Barlow Photography, p 7 © Daa islam, © Ewa Studio, p 8 © Claudio Bertoloni, © Gerhard Koertner/NHPA/Photoshot/ Newscom, p 9 © Syda Productions, p 10 © Juli_li_Photographer, p 11 © frank60, p 12 © agefotostock, p 13 © nwdph, p 14 © Bkamprath, p 15 © Damian Lugowski, p 16 © Nobby Clarke, p 17 © Linda_K, p 18 © SeventyFour, p 19 © P Harstela, p 20 © Jupiterimages, p 21 © Matrishva Vyas, © Evelyn D. Harrison, p 22 © Nobby Clarke, © frank60, © Evelyn D. Harrison, © Claudio Bertoloni, p 24 © Joan Peno McCool